Lecciones de Piano

Libro 2

PRESENTACIÓN

Cuando la música estimula nuestro interés e imaginación, realizamos los mayores esfuerzos para aprenderla con ilusión. La música en la **Biblioteca para Alumnos de Piano de Hal Leonard** anima a practicar, estimula el progreso y la confianza, y tal vez más importante, ¡facilita el éxito en el estudio! Más de 1000 alumnos y profesores en un estudio de mercado a escala nacional señalaron como muy valido para el estudio:

- la variedad de estilos y ambientes;
- el flujo natural del ritmo, melodía y letra cantables de las piezas;
- los excelentes acompañamientos;
- las improvisaciones incluidas en los **libros de lecciones**;
- incluye acompañamiento arreglado en audio y MIDI.

Cuando los nuevos conceptos tienen una aplicación inmediata a la música, nos da la sensación de que el esfuerzo que representa adquirir estas habilidades merece la pena. Tanto los profesores como los alumnos del estudio de mercado se mostraron especialmente entusiastas con:

- el ritmo de estudio "realista", que representa un reto sin ser agobiante;
- la presentación clara y concisa de los conceptos que permite el enfoque propio del profesor;
- el ordenado diseño de página, que permite al alumno mantener la concentración en la partitura.

Además, los **Libros de Juegos de Prácticas** enseñan conceptos, técnica y creatividad mediante ejercicios relacionados directamente con la música en los **Libros de Lecciones**. Asimismo, los **Libros de Ejercicios de Teoría** para Piano proporcionan actividades de escritura divertidas y la serie de **Solos de Piano** ofrece un refuerzo de los conceptos presentados con un repertorio animado.

La Biblioteca para Alumnos de Piano de Hal Leonard es el resultado del esfuerzo de muchas personas. Deseamos expresar nuestra gratitud a todos los profesores, alumnos y colegas que han compartido su ilusión y creatividad con nosotros. Asimismo, deseamos que este método te sirva de guía y estímulo en tus estudios musicales.

Con nuestros mejores deseos,

Barbara Kreader   Fred Kern   Phillip Keveren   Mona Rejino

Autores
Barbara Kreader, Fred Kern, Phillip Keveren, Mona Rejino

Asesores
Tony Caramia, Bruce Berr, Richard Rejino

Directora de Publicaciones Didácticas para Teclado
Margaret Otwell

Editor
Anne Wester

Ilustraciones
Fred Bell

Traducción a cargo de
Andrew Rossetti

Para obtener acceso al audio, visite:
www.halleonard.com/mylibrary

Enter Code
6182-9073-7504-7916

Libro: ISBN 978-0-634-08758-5
Libro/Audio: ISBN 978-0-634-08985-5

HAL•LEONARD®
CORPORATION
7777 W. BLUEMOUND RD. P.O. BOX 13819 MILWAUKEE, WI 53213

Visite Hal Leonard "Online" en
www.halleonard.com

REPASO DEL LIBRO 1

EL PENTAGRAMA PARA PIANO

La nota **Sol** sirve de guía para la lectura de las notas del pentagrama en **clave de Sol** (𝄞).

La nota **Fa** sirve de guía para la lectura de las notas del pentagrama en **clave de Fa** (𝄢).

La nota Do central sirve de guía para la lectura de las notas que están en el espacio entre el pentagrama en clave de sol y el pentagrama en clave de Fa.

VALORES DE NOTA

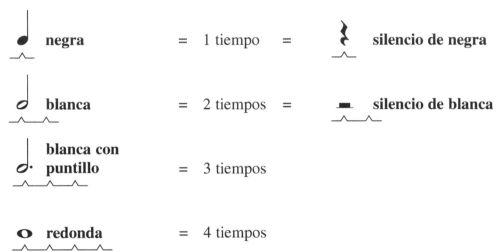

♩ **negra** = 1 tiempo = 𝄽 **silencio de negra**

♩ **blanca** = 2 tiempos = ▬ **silencio de blanca**

♩. **blanca con puntillo** = 3 tiempos

𝅝 **redonda** = 4 tiempos

LOS SÍMBOLOS DE DINÁMICA indican lo fuerte o flojo que hay que tocar y ayudan a crear el ambiente de la pieza musical.

p (piano) = flojo

mp (mezzo piano) = moderadamente flojo

mf (mezzo forte) = moderadamente fuerte

f (forte) = fuerte

TÉRMINOS MUSICALES

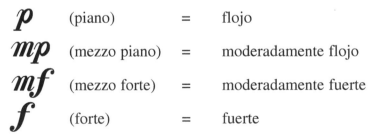

tiempos de compás **4/4 3/4**   signo de repetición :‖

D.C. (Da Capo) al Fine significa que hay que volver al principio (capo) y tocar hasta llegar al signo del final (fine).

pasos   saltos   notas ligadas

LAS INDICACIONES DEL TEMPO señalan qué tipo de pieza es y su pulso.

Adagio
lento

Andante
velocidad de paseo

Allegro
rápido

CONTENIDOS

* Los alumnos puede poner una marca para señalar las piezas que han tocado.

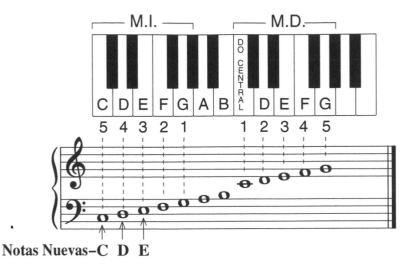

M.I.   M.D.

DO CENTRAL

C D E F G A B | D E F G

5 4 3 2 1   1 2 3 4 5

Notas Nuevas–C D E

SILENCIO DE REDONDA
▬

Significa que hay silencio durante todo el compás.

Recuerda,

Siempre que veas esta lupa, escribe el nombre de la nota.

Reflejo

Barbara Kreader

Moderadamente

mp Am   I   the   re - flec - tion   in   the   mir - ror   on   the   wall?

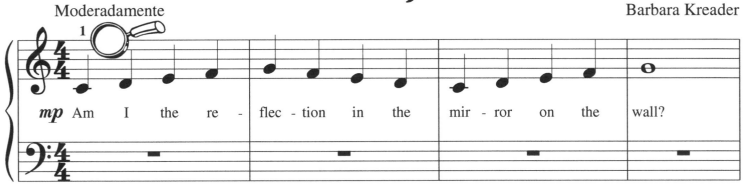

Or   is   the   re - flec - tion   in   the   mir - ror   who   I   am?

Acompañamiento (El alumno debe tocarlo una octava por encima de la octava escrita.)

Moderadamente (♩=120)

p

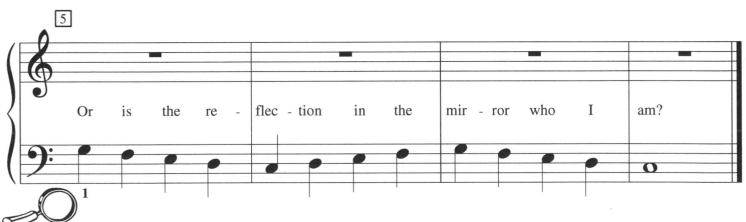

Mi Propia Canción
Con Las Notas DO, RE, MI, FA y SOL

Coloca ambas manos en las notas DO, RE, MI, FA, SOL. Escucha y siente el pulso mientras tu profesor toca el acompañamiento escrito al final de esta página.

Con tu mano derecha, toca DO, RE, MI, FA, SOL y después toca SOL, FA, MI, RE, DO. ¡Experimenta mezclando los nombres de las notas de la manera que quieras e inventa tu propia canción!

Con la mano izquierda, toca DO, RE, MI, FA, SOL y después toca SOL, FA, MI, RE, DO. ¡Como hicistes antes, mezcla los nombres de las notas de la manera que quieras e inventa otra canción!

¡Diviértate!

Acompañamiento

Moderadamente (♩=120)

Repite tantas veces como sea necesario   Última vez

Himno A La Alegría

Ludwig van Beethoven
(1770–1827)
Adaptada por Fred Kern

Acompañamiento (El alumno debe tocarlo una octava por encima de la octava escrita.)

La Canción De Carmen

Georges Bizet
(1838–1875)
Adaptada por Fred Kern

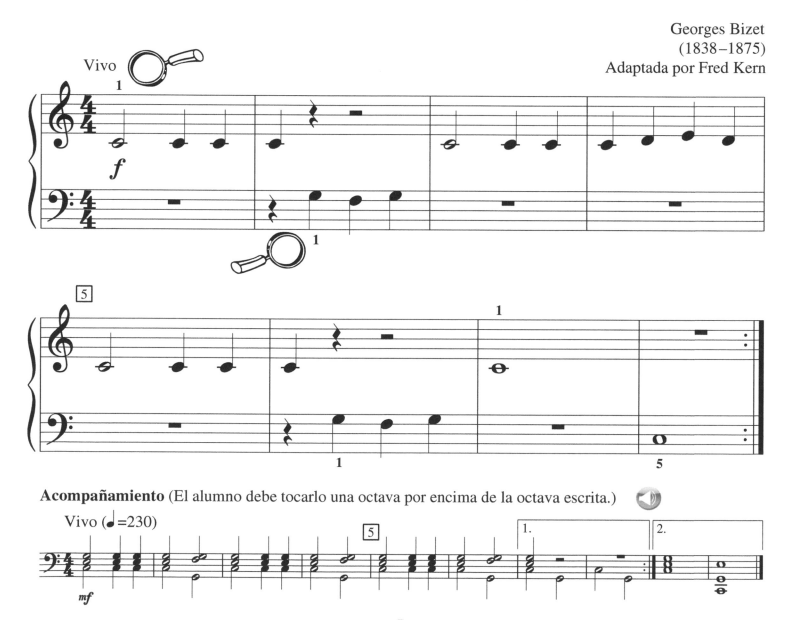

Acompañamiento (El alumno debe tocarlo una octava por encima de la octava escrita.)

Recuerda,

TIPO DE COMPÁS

$\frac{3}{4}$ = tres tiempos en cada compás
= cada tiempo es una negra

Andantino

LEGATO

Cuando las notas suenan conectadas, se dice que suenan **Legato**.

Una línea curva debajo o encima de un grupo de notas indica que han de sonar **Legato**.

Para tocar **Legato**, hay que evitar que se corte el sonido cuando cambias de dedo.

Louis Köhler
(1820–1886)
Adaptada por Fred Kern

* Andantino significa que el tempo ha de ser un poco más rápido que el de Andante.

Recuerda,

LIGADURA DE PROLONGACIÓN

Una **Ligadura** es una línea curva que conecta dos notas con la misma afinación. Mantén sonando la primera nota durante la combinación del valor de ambas notas.

Big Ben

Firme (♩=120)

Tradicional

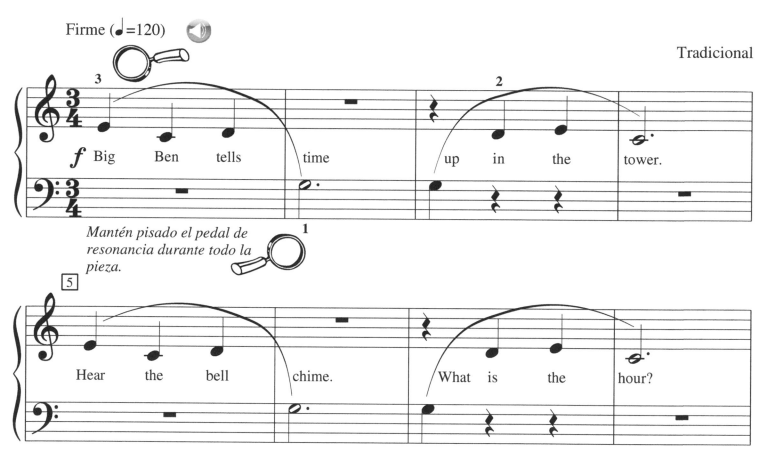

Mantén pisado el pedal de resonancia durante todo la pieza.

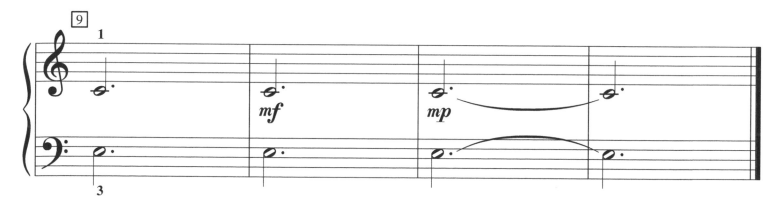

9

INTERVALO

Un **Intervalo** es la distancia entre una tecla y otra.

Intervalo de segunda   **Intervalo de tercera**

Intervalos melódicos – Las notas suenan una tras otra para crear una melodía.
Intervalos armónicos – Las notas suenan a la vez para crear armonía.

Con la mano izquierda toca:

Segundas melódicas   Segundas armónicas   Terceras melódicas   Terceras armónicas

¡Abejas No!

Malhumorado (♩=155)

Barbara Kreader

El Do más grave del piano.

10

STACCATO

Cuando las notas suenan cortadas y separadas, son notas **Staccato**.

Un punto encima o debajo de una nota significa que ha de sonar **Staccato**.

Para tocar **Staccato**, suelta la tecla justo después de pulsarla.

La Canción De Las Palmadas

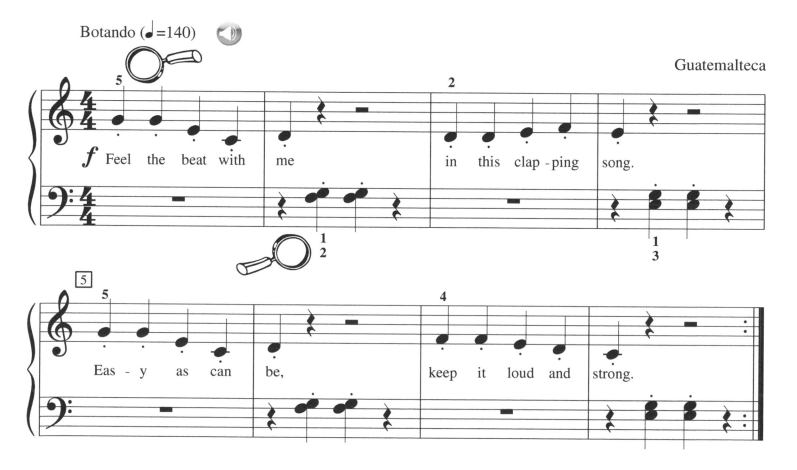

Botando (♩=140)

Guatemalteca

Feel the beat with me in this clap-ping song.

Eas-y as can be, keep it loud and strong.

11

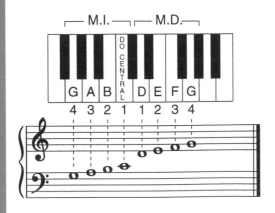

INTERVALO de Cuarta

En el piano, una cuarta
- salta dos teclas
- salta dos dedos
- salta dos letras

En el pentagrama, una cuarta
- salta dos notas desde una
línea a un espacio o bien
desde un espacio a una
línea.

Baile "Country"

Animado

Janet Medley

f At the hoe-down, do - si - do, all our friends will meet.

Swing your part - ner, don't be slow. Clap your hands and stomp your feet!

Acompañamiento (El alumno debe tocarlo una octava por encima de la octava escrita.)

Animado (♩=150)

La Luz Del Sol A Través De Los Árboles

Phillip Keveren

Fluyendo (♩=120)

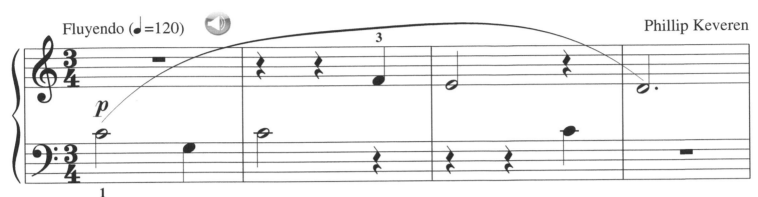

*Toca una octava por encima de la octava escrita y mantén
el pedal de resonancia pisado durante toda la pieza.*

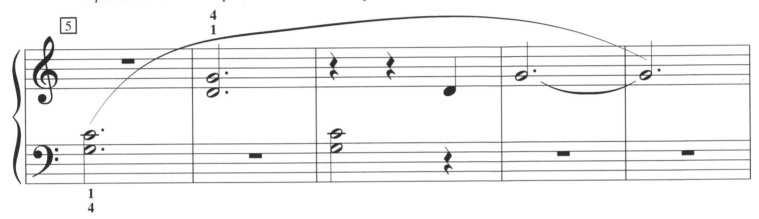

TEMPO DÉBIL (Anacrusa)

Las notas que aparecen antes del primer compás completo se denominan **Anacrusa**.

Cuenta: "4   1 2 3 4"

Bingo

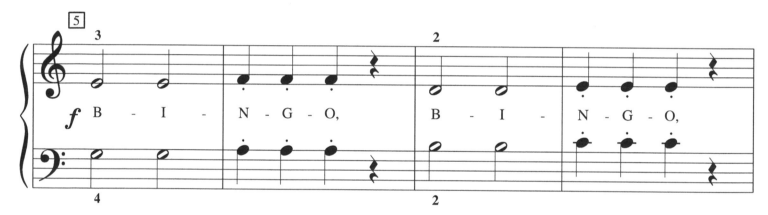

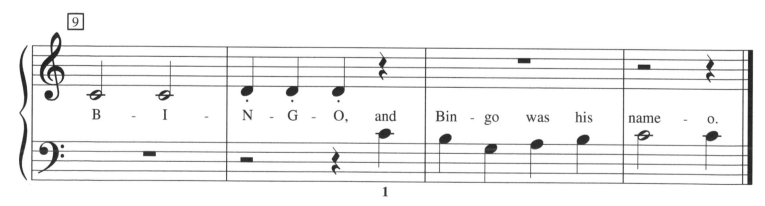

Acompañamiento (El alumno debe tocarlo una octava por encima de la octava escrita.)

14

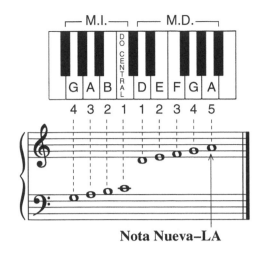

Nota Nueva–LA

Viajando
Por La Pradera

Italo Taranta

Acompañamiento (El alumno debe tocarlo una octava por encima de la octava escrita.)

Movido (♩=145)

Los **CAMBIOS GRADUALES DE DINÁMICA** se crean cambiando progresivamente de flojo a fuerte o de fuerte a flojo.

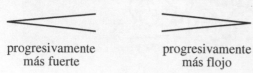

Crescendo (creciendo) **Decrescendo (decreciendo)**

progresivamente
más fuerte

progresivamente
más flojo

Sin Nadie Con Quien Pasear

Italo Taranta

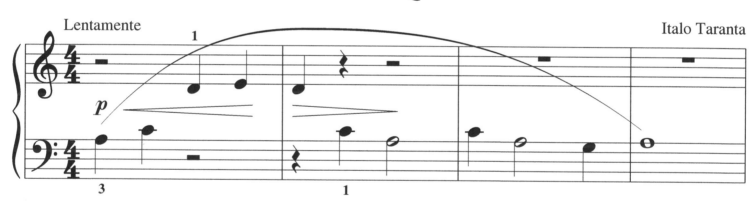

Acompañamiento (El alumno debe tocarlo una octava por encima de la octava escrita.)

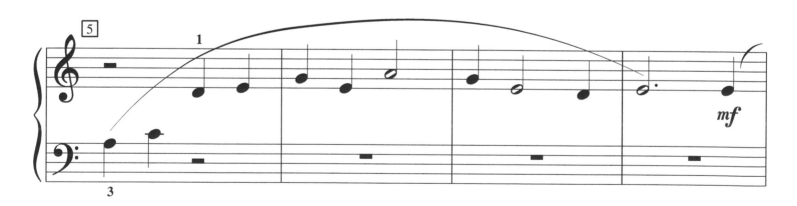

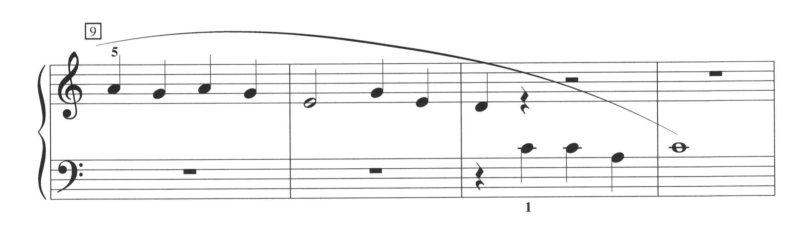

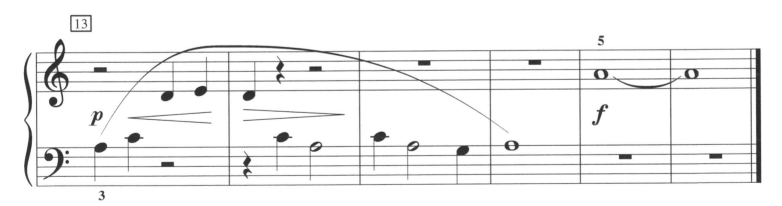

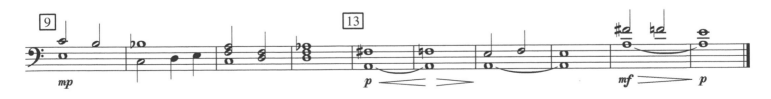

Caballito De Balancín Pintado

Como en un sueño

Phillip Keveren

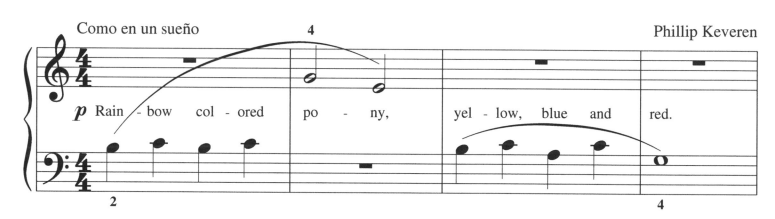

p Rain - bow col - ored po - ny, yel - low, blue and red.

Al - ways here be - side me, stand - ing by my bed.

Acompañamiento (El alumno debe tocarlo una octava por encima de la octava escrita.)

Como en un sueño (♩=95)

Con el pedal

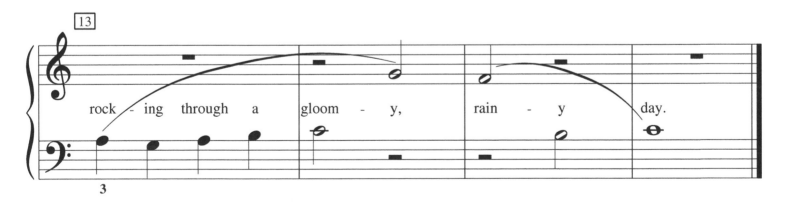

El Tictac Del Reloj De Jazz

Con pulso regular como el tictac de un reloj

Bill Boyd

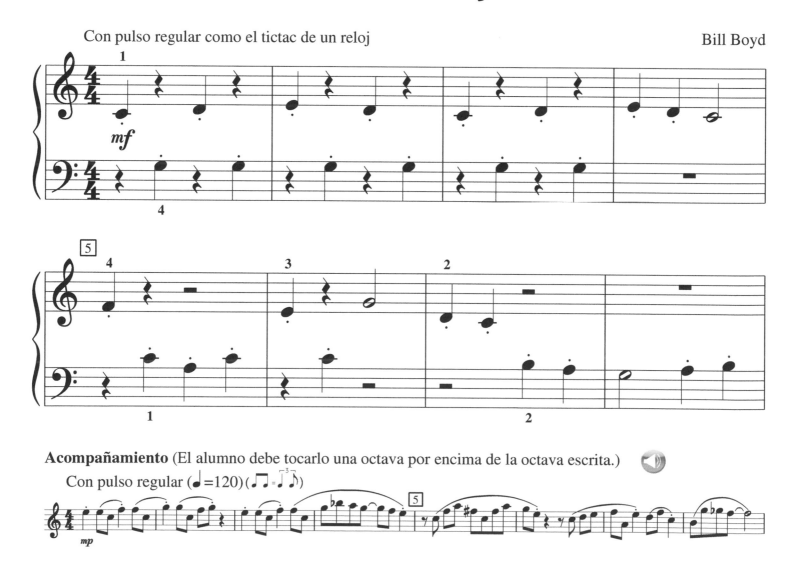

Acompañamiento (El alumno debe tocarlo una octava por encima de la octava escrita.)

Con pulso regular ($\quad$=120)

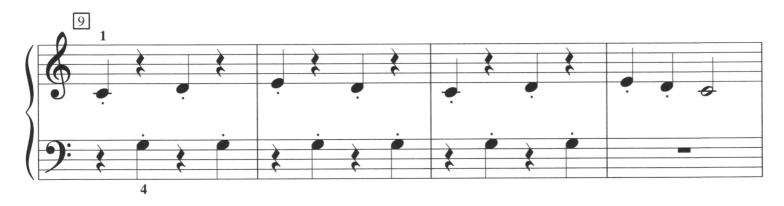

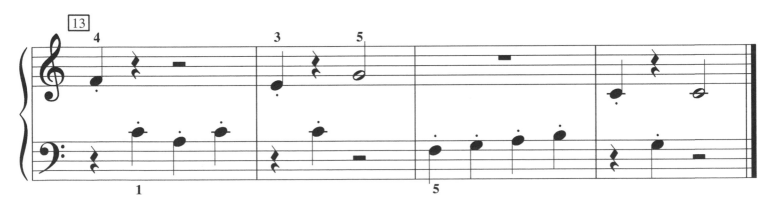

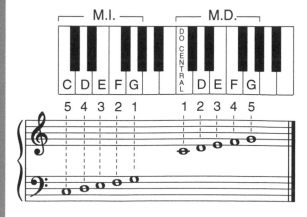

INTERVALO de Quinta

En el piano, una quinta
- salta tres teclas
- salta tres dedos
- salta tres letras

En el pentagrama, una quinta
- salta tres notas desde una línea a otra línea o bien desde un espacio a otro espacio.

Acuarelas

Delicado (♩=105)

Phillip Keveren

Toca una octava por encima de la octava escrita y mantén el pedal de resonancia pisado durante toda la pieza.

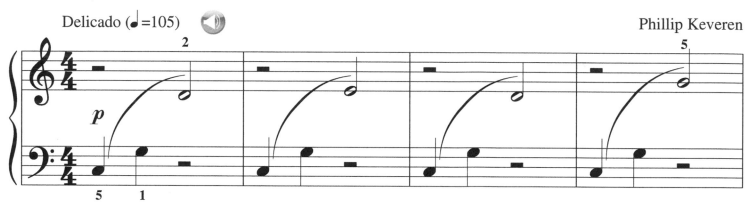

¡Déjalo sonar!

LIGADURAS DE DOS NOTAS

Una **Ligadura de Dos Notas** es una línea curva debajo o encima de dos notas de distinta afinación. Significa que debes tocar las notas de forma que queden conectadas y sin dejar espacio entre ellas cuando cambias de dedo en el teclado (legato).

Baile En Círculo

Phillip Keveren

'Round in a cir - cle we spin to the mel - o - dy,
diz - zy and diz - zi - er, 'til we fall down!

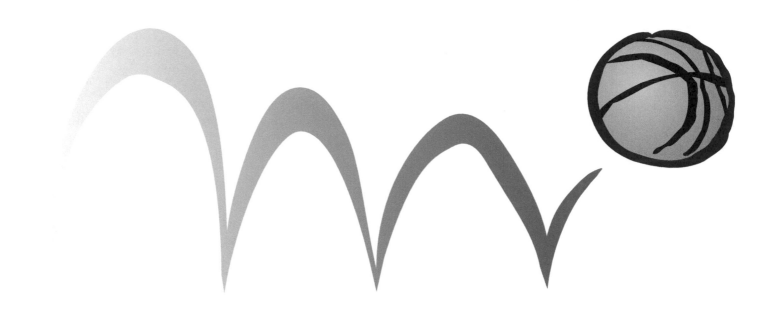

Bote De La Pelota De Basquet

Tempo como si botaras una pelota de basquet (¡Con Energía!) (♩=190)　Phillip Keveren

Allegro

8va ---┐

Cuando aparece el signo *8va---┐* encima de un grupo de notas, significa que debes tocar la nota o notas una octava (ocho notas) por encima de la octava en que están escritas.

Anton Diabelli
(1781–1858)
Adaptada por Fred Kern

25

8va --- ⌐

Cuando aparece el signo *8va---⌐*
debajo de una nota a o de un grupo
de notas, significa que debes tocar
la nota o notas una octava (ocho
notas) por debajo de la octava en
que están escritas.

¡Gran Noticia!

FORTISSIMO

ff

significa muy fuerte.

Excitado (♩=170)

Bruce Berr

8va - ⌐

26

Fanfarria De Instrumentos De Metal

Triunfante (♩=110)

Phillip Keveren

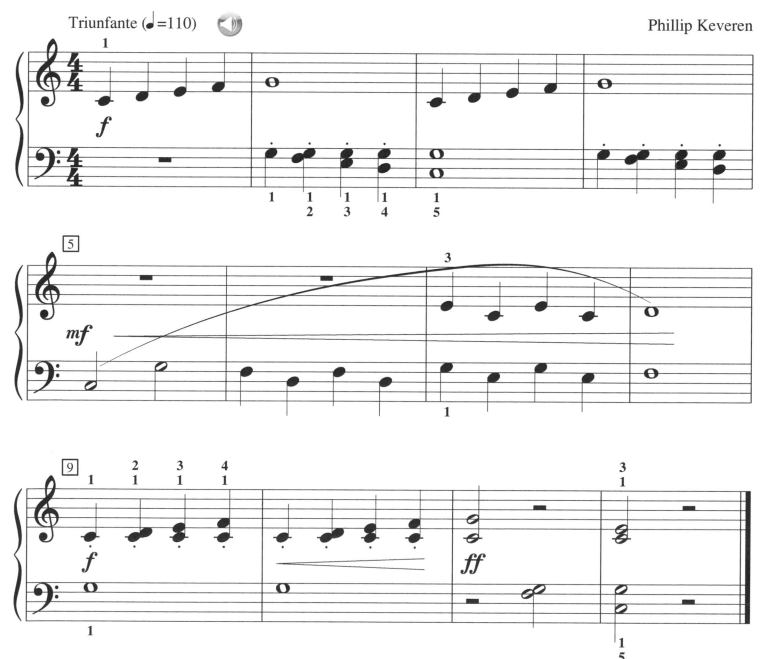

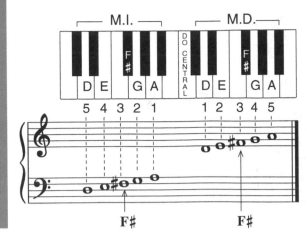

SOSTENIDO

El signo **Sostenido** delante de una nota significa que hay que tocar la siguiente nota a la derecha, sea negra o blanca.

El Fluir Del Riachuelo

Suavemente

Canción Folklórica

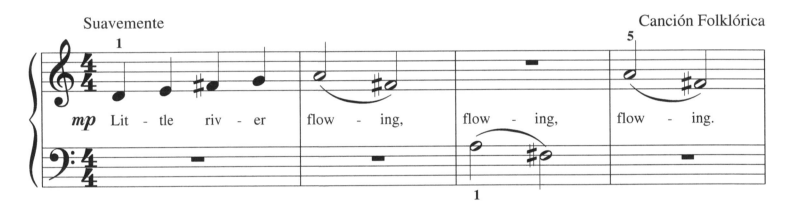

mp Lit - tle riv - er flow - ing, flow - ing, flow - ing.

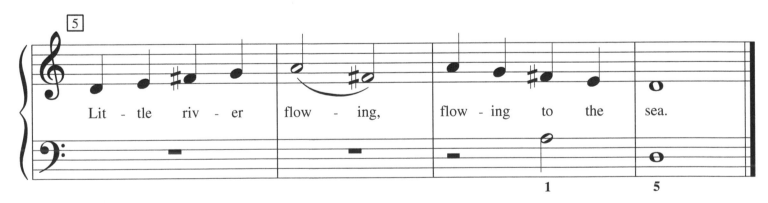

Lit - tle riv - er flow - ing, flow - ing to the sea.

Acompañamiento (El alumno debe tocarlo una octava por encima de la octava escrita.)

Suavemente (♩=145)

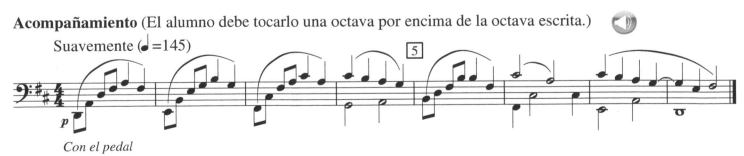

Con el pedal

Pensamientos Tranquilos

H. Berens
(1826–1880)
Op. 62
Adaptada por Fred Kern

Cuando aparece un sostenido delante de una nota, la alteración es válida hasta el final del compás.

Acompañamiento (El alumno debe tocarlo una octava por encima de la octava escrita.)

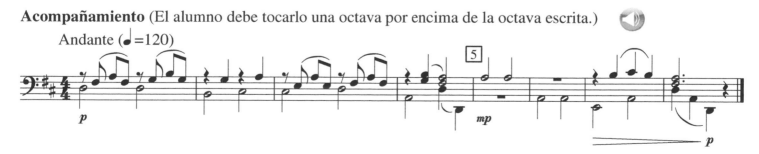

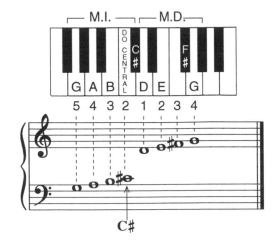

En Búsqueda De Las Estrellas

A

Marcha Heroica

Phillip Keveren

f Glid - ing through the heav - ens, won - der where we are?

Great ga - lac - tic trav - 'lers, search - ing for a star.

Acompañamiento (El alumno debe tocarlo una octava por encima de la octava escrita.)

Marcha Heroica (♩=120)

B

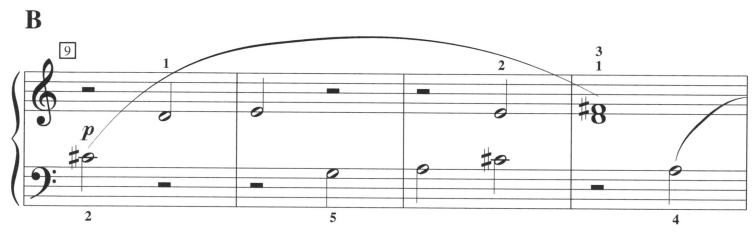

D.C. al Fine

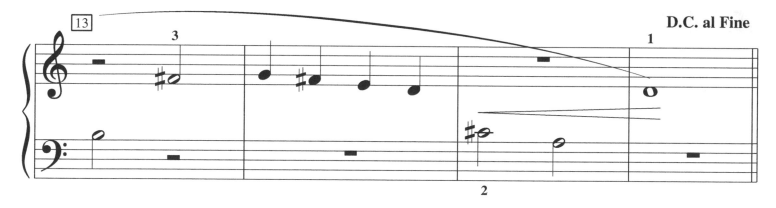

D.C. al Fine

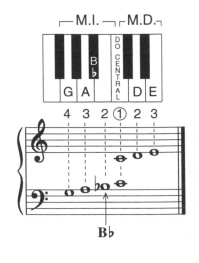

BEMOL

♭

El signo **Bemol** delante de una nota indica que hay que tocar la siguiente tecla a la izquierda, sea blanca o negra.

Un Poco De Música Latina

Bill Boyd

Moderadamente Rápida

Acompañamiento (El alumno debe tocarlo una octava por encima de la octava escrita.)

Moderadamente Rápida (♩=170)

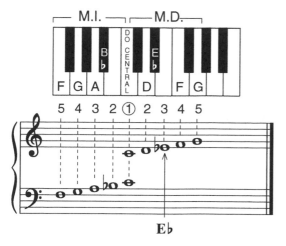

ACENTO

>

Un **Acento** debajo de una nota indica que hay que tocar esa nota más fuerte que las demás.

Pisando Fuerte

¡Mantén el pulso! (♩=190)

Bill Boyd

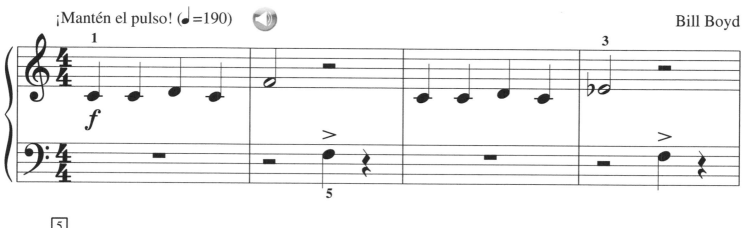

El Re sostenido se toca con la misma tecla que Mi bemol.

RITARD

Ritard o *rit.*
significa que debes
ir bajando el tempo
progresivamente.

El Alba

Melodía Galés
Letra de Fred Kern

Acompañamiento (El alumno debe tocarlo una octava por encima de la octava escrita.)

34

BECUADRO

El signo **Becuadro** cancela el sostenido o el bemol. Toca la tecla "Becuadro" (blanca).

El Inspector Sabueso

Phillip Keveren

De forma artera (♩=145)

8va

La mano derecha pasa sobre el mano izquierda.

La nota RE más grave del piano

CALDERÓN

Una **Calderón** indica que debes mantener la nota sonando durante más tiempo que el indicado por su valor rítmico.

Blues Del Pantano

Phillip Keveren

Lentamente con aire de blues (♩=110)

Mantén pisado el pedal de resonancia

Serenata

Acompañamiento (El alumno debe tocarlo una octava por encima de la octava escrita.)

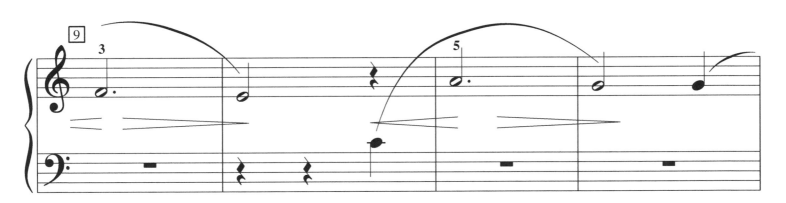

Un sostenido delante de una nota afecta sólo
a las notas del compás donde aparece el sostenido.

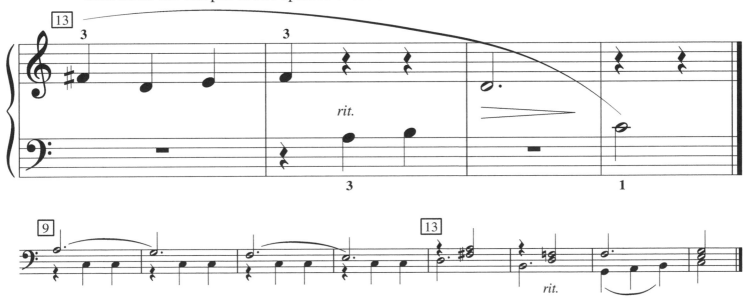

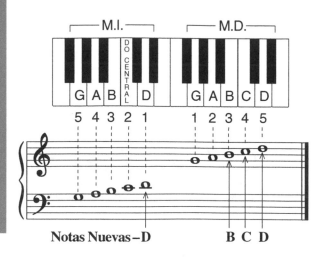

UNIDAD 5

LÍNEAS ADICIONALES

Las Líneas Adicionales se añaden cuando hay notas escritas más agudas o más graves que las del pentagrama.

Notas Nuevas – D   B C D

Noches De Verano

"Alouette"
Letra por Barbara Kreader

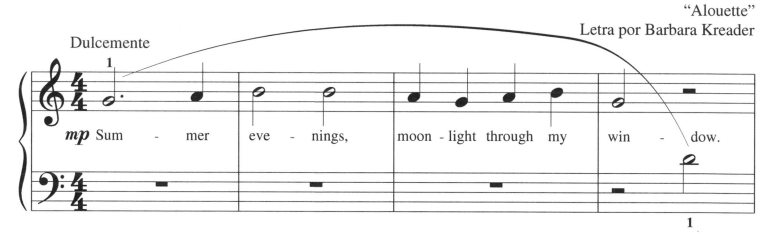

Dulcemente

mp Sum — mer eve — nings, moon - light through my win - dow.

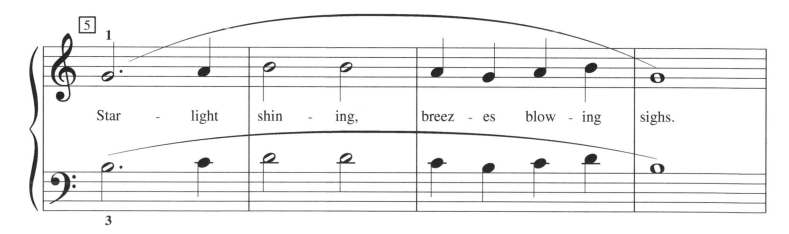

Star - light shin - ing, breez - es blow - ing sighs.

Acompañamiento (El alumno debe tocarlo una octava por encima de la octava escrita.)

Dulcemente (♩=150)

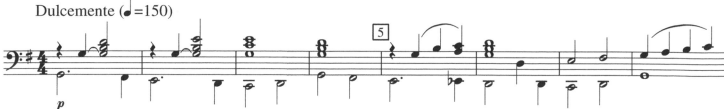

p

As I lie up - on my bed, sights and sounds soon fill my head.

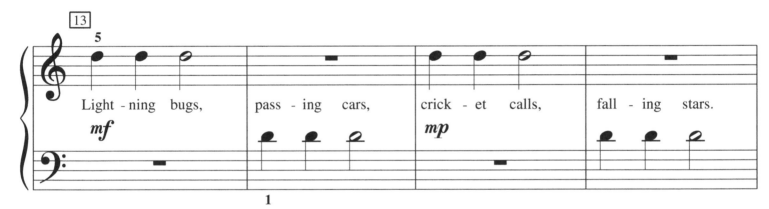

Light - ning bugs, *mf* pass - ing cars, crick - et calls, *mp* fall - ing stars.

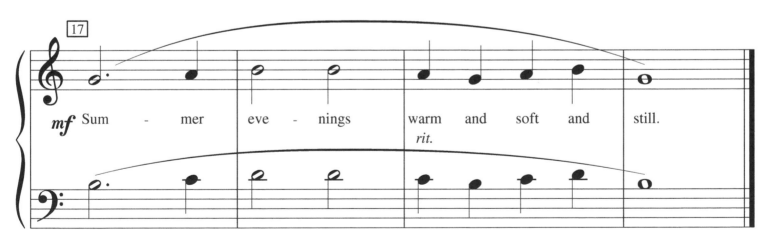

mf Sum - mer eve - nings warm and soft and still. *rit.*

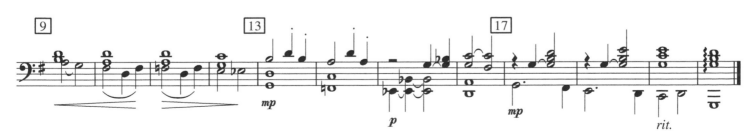

Mi Propia Canción
Con Las Notas SOL, LA, SI, DO y RE

Coloca ambas manos en las notas SOL, LA, SI, DO y RE. Escucha y siente el pulso mientras tu profesor toca el acompañamiento.

Con la mano derecha, toca SOL LA SI DO RE. Experimenta tocando RE DO SI LA SOL. ¡Mezcla las notas de la manera que quieras e inventa tu propia canción!

Con la mano izquierda, toca SOL LA SI DO RE. Experimenta tocando RE DO SI LA SOL. ¡Como acabas de hacer antes con la mano derecha, ¡mezcla las notas de la manera que quieras e inventa otra canción distinta!

¡Diviértate!

Acompañamiento

Vals Jazzístico (♩=170)

Repetir según sea necesario   La última vez

¡Pop!

Botando (♩=200)

"Pop Goes The Weasel"

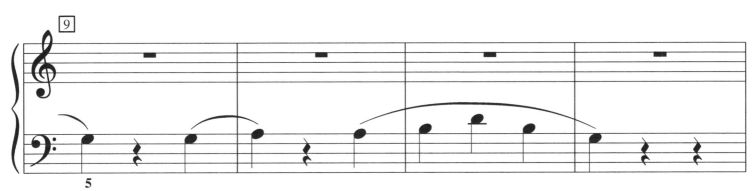

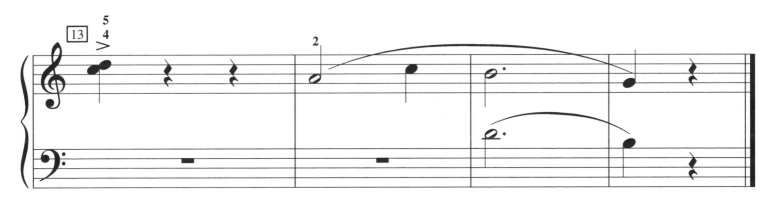

A Dormir

Andante

Canción Folklórica

Slum - ber time is draw - ing near, night - time gath - 'ring 'round us.
Stars will all be bright and clear when the sand - man finds us.

Dream sweet dreams the long night through. Moth - er will be near to you.

Go to sleep, my dear one. Go to sleep, my dear one.

Acompañamiento (El alumno debe tocarlo una octava por encima de la octava escrita.)

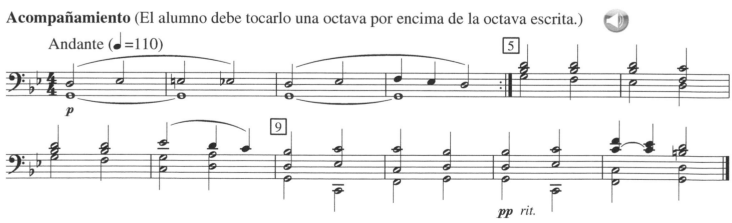

Andante (♩=110)

Giga

Recuerda,

ANACRUSA

Cuenta: "2 3 | 1 2 3"

Vivo (♩=210)

Irlandesa

Toca este final sólo
la primera vez.

Toca este final sólo
la última vez.

Ves A Por El Oro

Marcha Majestuosa

Phillip Keveren

Acompañamiento (El alumno debe tocarlo una octava por encima de la octava escrita.)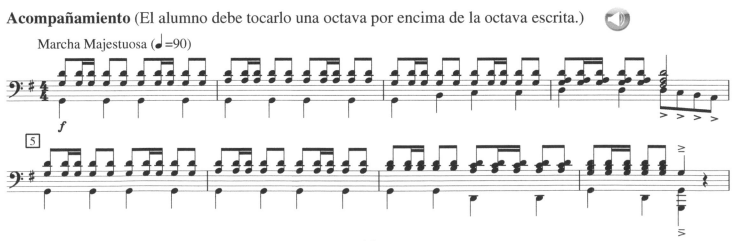

Marcha Majestuosa (♩=90)

DIPLOMA

HA COMPLETADO CON ÉXITO
EL LIBRO DOS
DE LECCIONES DE PIANO
DE HAL LEONARD
Y POR ELLO
PASA AL LIBRO TRES.

PROFESOR   FECHA

HAL•LEONARD®